Impressum
Verlag: BABADADA GmbH, Nedderfeld 112 , 22529 Hamburg
Geschäftsführer / Verlagsleitung: Harald Hof
Druck: Books on Demand GmbH, In de Tarpen 42, 22848 Norderstedt

Imprint
Publisher: BABADADA GmbH, Nedderfeld 112 , 22529 Hamburg, Germany
Managing Director / Publishing direction: Harald Hof
Print: Books on Demand GmbH, In de Tarpen 42, 22848 Norderstedt

salle de classe
classroom

diviser
divide

186/2

tableau noir
board

cour (de récréation)
school yard

professeur
teacher

papier
paper

écrire
write

stylo
pen

bureau
desk

règle
ruler

livre
book

élève
pupil

cartable

satchel

trousse

pencil case

crayon

pencil

taille-crayon

pencil sharpener

gomme

rubber

carnet à dessin

drawing pad

dessin

drawing

pinceau

paintbrush

boîte de peinture

paint box

ciseaux

scissors

colle

glue

cahier d'exercices

exercise book

devoirs

homework

chiffre

number

additionner

add

soustraire

subtract

multiplier

multiply

calculer

calculate

lettre

letter

alphabet

alphabet

mot

word

école - school

texte

text

lire

read

craie

chalk

leçon

lesson

livre de classe

register

examen

examination

certificat

certificate

uniforme scolaire

school uniform

formation

education

lexique

encyclopedia

université

university

microscope

microscope

carte

map

corbeille à papier

waste-paper basket

hôtel
hotel

Grand

auberge
hostel

ROOMS

bureau de change
currency exchange office

valise
suitcase

voiture
car

langue

language

oui / non

yes / no

d'accord

Okay

Salut

hello

interprète

translator

merci

Thank you

Combien coûte...?

how much is…?

Je ne comprends pas

I don´t get it

problème

problem

Bonsoir !

Good evening!

Bonjour !

Good morning!

Bonne nuit !

Good night!

Au revoir

goodbye

direction

direction

bagages

luggage

sac

bag

sac-à-dos

backpack

hôte

guest

pièce

room

sac de couchage

sleeping bag

tente

tent

office de tourisme

tourist information

plage

beach

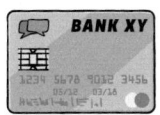

carte de crédit

credit card

petit-déjeuner

breakfast

déjeuner

lunch

dîner

dinner

billet

Ticket

ascenseur

elevator

timbre

stamp

frontière

border

douane

customs

ambassade

embassy

visa

visa

passeport

passport

voyage - travel

avion
airplane

navire
ship

véhicule de pompiers
fire truck

bus
bus

camion
truck

bateau à moteur
motorboat

bicyclette
bike

voiture
car

ferry

ferry

barque

boat

moto

motorbike

voiture de police

police car

voiture de course

racing car

voiture de location

rental car

auto-partage

car sharing

voiture de remorquage

tow truck

benne à ordures

garbage truck

moteur

engine

essence

fuel

station d'essence

fuel station

panneau indicateur

traffic sign

trafic

traffic

embouteillage

traffic jam

parking

parking lot

gare

train station

rails

tracks

train

train

tramway

tram

wagon

wagon

hélicoptère
helicopter

aéroport
airport

tour
tower

passager
passenger

conteneur
container

carton
carton

chariot
cart

corbeille
basket

décoller / atterrir
take off / land

ville
city

village
village

centre-ville
city center

maison
house

cinéma
movie theater

publicité
advert

réverbère
street light

rue
street

taxi
taxi

kiosque
snack shop

piéton
pedestrian

trottoir
sidewalk

passage piéton
zebra crossing

poubelle
dumpster

carrefour
crossing

feux de circulation
traffic lights

cabane

hut

appartement

apartment

gare

train station

mairie

city hall

musée

museum

école

school

université

university

banque

bank

hôpital

hospital

hôtel

hotel

pharmacie

pharmacy

bureau

office

librairie

book shop

magasin

shop

fleuriste

flower shop

supermarché

supermarket

marché

market

grand magasin

department store

poissonnerie

fishmonger's shop

centre commercial

mall

port

harbor

parc

park

banque

bench

pont

bridge

escaliers

stairs

métro

subway

tunnel

tunnel

arrêt de bus

bus stop

bar

bar

restaurant

restaurant

boîte à lettres

postbox

panneau indicateur

street sign

parcmètre

parking meter

zoo

zoo

piscine

swimming pool

mosquée

mosque

ferme

farm

pollution

pollution

cimetière

cemetery

église

church

aire de jeux

playground

temple

temple

paysage
landscape

feuille
leaf

panneau indicateur
signpost

chemin
path

pré
meadow

pierre
stone

arbre
tree

randonneur
hiker

rivière
river

herbe
grass

fleur
flower

vallée
valley

montagne
hill

lac
lake

forêt
forest

désert
desert

volcan
volcano

château
castle

arc-en-ciel
rainbow

champignon
mushroom

palmier
palm tree

moustique
mosquito

mouche
fly

fourmis
ant

abeille
bee

araignée
spider

coléoptère

beetle

grenouille

frog

écureuil

squirrel

hérisson

hedgehog

lièvre

hare

chouette

owl

oiseau

bird

cygne

swan

sanglier

boar

cerf

deer

élan

moose

barrage

dam

éolienne

wind turbine

panneau solaire

solar panel

climat

climate

restaurant

serveur
waiter

menu
menu

chaise
chair

soupe
soup

pizza
pizza

couverts
cutlery

nappe
tablecloth

hors d'œuvre

starter

plat principal

main course

dessert

dessert

boissons

drinks

alimentation

food

bouteille

bottle

fast-food

fast food

plats à emporter

street food

théière

teapot

sucrier

sugar bowl

portion

portion

machine à expresso

espresso machine

chaise haute

high chair

facture

bill

plateau

tray

couteau

knife

fourchette

fork

cuillère

spoon

cuillère à thé

teaspoon

serviette

serviette

verre

glass

assiette

plate

assiette à soupe

soup plate

soucoupe

saucer

sauce

sauce

salière

salt shaker

moulin à poivre

pepper mill

vinaigre

vinegar

huile

oil

épices

spices

ketchup

ketchup

moutarde

mustard

mayonnaise

mayonnaise

offre promotionnelle
special offer

client
customer

produits laitiers
dairy products

fruits
fruit

chariot
shopping cart

boucherie

butcher's shop

boulangerie

bakery

peser

weigh

légumes

vegetables

viande

meat

aliments surgelés

frozen food

charcuterie

cold cuts

conserves

canned food

poudre à lessive

detergent

bonbons

candy

articles ménagers

household products

détergents

cleaning products

vendeuse

sales representative

caisse

cash register

caissier

cashier

liste d'achats

shopping list

heures d'ouverture

opening hours

portefeuille

wallet

carte de crédit

credit card

sac

bag

sac en plastique

plastic bag

eau

water

jus de fruit

juice

lait

milk

coca

coke

vin

wine

bière

beer

alcool

alcohol

chocolat chaud

cocoa

thé

tea

café

coffee

expresso

espresso

cappuccino

cappuccino

banane

banana

pomme

apple

orange

orange

melon

melon

citron

lemon

carotte

carrot

ail

garlic

bambou

bamboo

oignon

onion

champignon

mushroom

noisettes

nuts

pâtes

noodles

spaghetti

spaghetti

riz

rice

salade

salad

pommes frites

fries

pommes de terre rôties

fried potatoes

pizza

pizza

hamburger

hamburger

sandwich

sandwich

escalope

escalope

jambon

ham

salami

salami

saucisse

sausage

poulet

chicken

rôti

roast

poisson

fish

flocons d'avoine
porridge oats

muesli
muesli

cornflakes
cornflakes

farine
flour

croissant
croissant

petits-pains
bread roll

pain
bread

pain grillé
toast

biscuits
cookies

beurre
butter

le fromage blanc
curd

gâteau
cake

œuf
egg

œuf au plat
fried egg

fromage
cheese

glace

ice cream

sucre

sugar

miel

honey

confiture

jelly

crème nougat

nougat cream

curry

curry

ferme
farm house

botte de paille
straw bale

grange
barn

champ
field

cheval
horse

remorque
trailer

poulain
foal

tracteur
tractor

âne
donkey

agneau
lamb

mouton
sheep

chèvre

goat

vache

cow

veau

calf

porc

pig

porcelet

piglet

taureau

bull

oie

goose

canard

duck

poussin

chick

poule

hen

coq

cockerel

rat

rat

chat

cat

souris

mouse

bœuf

ox

chien

dog

chenil

dog house

tuyau de jardin

garden hose

arrosoir

watering can

faucheuse

scythe

charrue

plow

ferme - farm

faucille

sickle

pioche

hoe

fourche

pitchfork

hache

axe

brouette

pushcart

cuve

trough

pot à lait

milk can

sac

sack

clôture

fence

étable

stable

serre

greenhouse

sol

soil

semences

seed

engrais

fertilizer

moissonneuse-batteuse

combine harvester

récolter

harvest

récolte

harvest

igname

yams

blé

wheat

soja

soya

pomme de terre

potato

maïs

corn

colza

rapeseed

arbre fruitier

fruit tree

manioc

manioc

céréales

grain

cheminée
chimney

toit
roof

gouttière
downspout

fenêtre
window

garage
garage

sonnette
doorbell

porte
door

poubelle
trash can

boîte aux lettres
mailbox

jardin
garden

salon

living room

salle de bain

bathroom

cuisine

kitchen

chambre à coucher

bedroom

chambre d'enfant

kids room

salle à manger

dining room

sol

floor

mur

wall

plafond

ceiling

cave

cellar

sauna

sauna

balcon

balcony

terrasse

terrace

piscine

pool

tondeuse à gazon

lawn mower

housse

sheet

couette

bedspread

lit

bed

balai

broom

sceau

bucket

interrupteur

switch

papier peint
wallpaper

image
picture

lampe
lamp

étagère
shelf

armoire
cabinet

cheminée
fireplace

télé
television

fleur
flower

coussin
cushion

sofa
sofa

vase
vase

télécommande
remote control

tapis

carpet

rideau

drape

table

table

chaise

chair

chaise à bascule

rocking chair

fauteuil

armchair

livre

book

couverture

blanket

décoration

decoration

bois de chauffage

firewood

film

film

chaîne hi-fi

stereo system

clé

key

journal

newspaper

peinture

painting

poster

poster

radio

radio

bloc-notes

notebook

aspirateur

vacuum cleaner

cactus

cactus

bougie

candle

réfrigérateur
fridge

four à micro-ondes
microwave oven

balance de cuisine
kitchen scales

grille-pain
toaster

détergent
laundry detergent

four
stove

compartiment congélateur
freezer

poubelle
trash can

lave-vaisselle
dishwasher

four
cooker

casserole
pot

marmite
cast-iron pot

wok / kadai
wok / kadai

poêle
pan

bouilloire electrique
kettle

cuiseur vapeur

steamer

plaque de cuisson

baking tray

vaisselle

crockery

gobelet

mug

coupe

bowl

baguettes

chopsticks

louche

ladle

spatule

spatula

fouet

whisk

passoire

strainer

tamis

sieve

râpe

grater

mortier

mortar

barbecue

barbecue

cheminée

fireplace

planche à découper
....
chopping board

rouleau à pâtisserie
....
rolling pin

tire-bouchon
....
corkscrew

boîte
....
can

ouvre-boîte
....
can opener

maniques
....
oven cloth

lavabo
....
sink

brosse
....
brush

éponge
....
sponge

mixeur
....
blender

congélateur
....
deep freezer

biberon
....
baby bottle

robinet
....
tap

chauffage
heating

douche
shower

serviette
towel

rideau de douche
shower curtain

bain moussant
bubble bath

baignoire
bathtub

verre
glass

machine à laver
washing machine

robinet
tap

carrelage
tiles

pot
potty

lavabo
sink

toilettes
toilet

toilette à la turque
squat toilet

bidet
bidet

urinoir
urinal

papier toilette
toilet paper

brosse à toilette
toilet brush

brosse à dents

toothbrush

dentifrice

toothpaste

fil dentaire

dental floss

laver

wash

douche manuelle

hand shower

douche intime

douche

vasque

basin

brosse dorsale

back brush

savon

soap

gel douche

shower gel

shampooing

shampoo

gant de toilette

flannel

écoulement

drain

crème

creme

déodorant

deodorant

miroir

mirror

miroir cosmétique

hand mirror

rasoir

razor

mousse à raser

shaving foam

après-rasage

aftershave

peigne

comb

brosse

brush

sèche-cheveux

hair-dryer

laque pour cheveux

hairspray

fond de teint

makeup

rouge à lèvres

lipstick

vernis à ongles

nail varnish

ouate

cotton wool

coupe-ongles

nail scissors

parfum

perfume

trousse de toilette

washbag

tabouret

stool

pèse-personne

weighing scales

peignoir

bathrobe

gants de nettoyage

rubber gloves

tampon

tampon

serviettes hygiéniques

sanitary towel

toilette chimique

chemical toilet

réveil
alarm clock

doudou
cuddly toy

voiture jouet
toy car

hochet
rattle

maison de poupée
doll's house

cadeau
present

ballon

balloon

lit

bed

poussette

stroller

jeu de cartes

deck of cards

puzzle

jigsaw

bande dessinée

comic

pièces lego

lego bricks

blocs de construction

toy blocks

figurine

action figure

grenouillère

romper suit

frisbee

frisbee

mobile

mobile

jeu de société

board game

dé

dice

train miniature

model train set

sucette

pacifier

fête

party

livre d'images

picture book

balle

ball

poupée

doll

jouer

play

bac à sable

sandpit

balançoire

swing

jouets

toys

console de jeu

video game console

tricycle

tricycle

ours en peluche

teddy bear

armoire

wardrobe

vêtements

clothing

chaussettes

socks

bas

stockings

collant

tights

écharpe
scarf

parapluie
umbrella

t-shirt
t-shirt

ceinture
belt

baskets
sneakers

bottes
boots

pantoufles
slippers

sandales
sandals

chaussures
shoes

bottes de caoutchouc
rubber boots

sous-vêtements
underwear

soutien-gorge
bra

maillot de corps
undershirt

body

body

pantalon

pants

jean

jeans

jupe

skirt

chemisier

blouse

chemise

shirt

pull

pullover

sweat à capuche

sweater

veste

blazer

veste

jacket

manteau

coat

imperméable

raincoat

costume

costume

robe

dress

robe de mariée

wedding dress

costume

suit

chemise de nuit

nightgown

pyjama

pajamas

sari

sari

foulard

headscarf

turban

turban

burqa

burka

caftan

kaftan

abaya

abaya

maillot de bain

swimsuit

maillot de bain

trunks

short

shorts

tenue d'entraînement

tracksuit

tablier

apron

gants

gloves

bouton

button

lunettes

glasses

bracelet

bracelet

collier

necklace

bague

ring

boucle d'oreille

earring

bonnet

cap

cintre

coat hanger

chapeau

hat

cravate

tie

fermeture éclair

zip

casque

helmet

bretelles

braces

uniforme scolaire

school uniform

uniforme

uniform

bavoir
bib

sucette
pacifier

lange
diaper

serveur
server

armoire d'archivage
filing cabinet

imprimante
printer

écran
monitor

papier
paper

bureau
desk

souris
mouse

classeur
folder

clavier
keyboard

corbeille à papier
waste-paper basket

ordinateur
computer

chaise
chair

tasse de café
coffee mug

calculatrice
calculator

internet
internet

ordinateur portable

laptop

lettre

letter

message

message

portable

cell phone

réseau

network

photocopieuse

photocopier

logiciel

software

téléphone

telephone

prise

plug socket

fax

fax machine

formulaire

form

document

document

acheter

buy

payer

pay

faire du commerce

trade

monnaie

money

dollar

dollar

euro

euro

yen

yen

rouble

rouble

franc suisse

Swiss franc

renminbi yuan

renminbi yuan

roupie

rupee

distributeur automatique

cash point

bureau de change

currency exchange office

or

gold

argent

silver

pétrole

oil

énergie

energy

prix

price

contrat

contract

taxe

tax

action

stock

travailler

work

employé

employee

employeur

employer

usine

factory

magasin

shop

agent de police
police officer

pompier
fireman

cuisinier
cook

médecin
doctor

pilote
pilot

jardinier

gardener

menuisier

carpenter

couturière

seamstress

juge

judge

chimiste

chemist

acteur

actor

conducteur de bus

bus driver

chauffeur de taxi

taxi driver

pêcheur

fisherman

femme de ménage

cleaning lady

couvreur

roofer

serveur

waiter

chasseur

hunter

peintre

painter

boulanger

baker

électricien

electrician

ouvrier

builder

ingénieur

engineer

boucher

butcher

plombier

plumber

facteur

postman

professions - occupations

soldat

soldier

architecte

architect

caissier

cashier

fleuriste

florist

coiffeur

hairdresser

contrôleur

conductor

mécanicien

mechanic

capitaine

captain

dentiste

dentist

scientifique

scientist

rabbin

rabbi

imam

imam

moine

monk

prêtre

pastor

marteau
hammer

pinces
pliers

tournevis
screwdriver

clé
wrench

torche
torch

pelleteuse

excavator

boîte à outils

toolbox

échelle

ladder

scie

saw

clous

nails

perceuse

drill

réparer
repair

pelle
shovel

Mince !
Damn!

pelle
dustpan

pot de peinture
paint can

vis
screws

instruments de musique
musical instruments

batterie
drum set

haut-parleurs
loud speaker

guitare
guitar

contrebasse
double bass

trompette
trumpet

piano
piano

violon
violin

basse
bass

timbales
timpani

tambour
drums

piano électrique
keyboard

saxophone
saxophone

flûte
flute

microphone
microphone

instruments de musique - musical instruments

tigre
tiger

entrée
entrance

cage
cage

zèbre
zebra

alimentation animale
animal feed

panda
panda

animaux

animals

éléphant

elephant

kangourou

kangaroo

rhinocéros

rhino

gorille

gorilla

ours

bear

chameau

camel

autruche

ostrich

lion

lion

singe

monkey

flamand rose

flamingo

perroquet

parrot

ours polaire

polar bear

pingouin

penguin

requin

shark

paon

peacock

serpent

snake

crocodile

crocodile

gardien de zoo

zookeeper

phoque

seal

jaguar

jaguar

poney

pony

léopard

leopard

hippopotame

hippo

girafe

giraffe

aigle

eagle

sanglier

boar

poisson

fish

tortue

turtle

morse

walrus

renard

fox

gazelle

gazelle

american Football
American football

cyclisme
cycling

tennis
tennis

basket-ball
basketball

natation
swimming

boxe
boxing

hockey sur glace
ice hockey

football
soccer

badminton
badminton

athlétisme
athletics

handball
handball

ski
skiing

polo
polo

sauter
jump

rire
laugh

embrasser
hug

marcher
walk

chanter
sing

rêver
dream

prier
pray

faire la bise
kiss

écrire

write

dessiner

draw

montrer

show

pousser

push

donner

give

prendre

take

avoir

have

faire

do

être

be

être debout

stand

courir

run

trier

pull

jeter

throw

tomber

fall

être couché

lie

attendre

wait

porter

carry

être assis

sit

s'habiller

get dressed

dormir

sleep

se réveiller

wake up

regarder

look at

pleurer

cry

caresser

stroke

peigner

comb

parler

talk

comprendre

understand

demander

ask

écouter

listen

boire

drink

manger

eat

ranger

tidy up

aimer

love

cuire

cook

conduire

drive

voler

fly

faire de la voile

sail

calculer

calculate

lire

read

apprendre

learn

travailler

work

se marier

marry

coudre

sew

brosser les dents

brush teeth

tuer

kill

fumer

smoke

envoyer

send

grand-mère
grandmother

grand-père
grandfather

père
father

mère
mother

bébé
baby

fille
daughter

fils
son

hôte

guest

tante

aunt

oncle

uncle

frère

brother

sœur

sister

front
forehead

œil
eye

épaule
shoulder

doigt
finger

visage
face

menton
chin

main
hand

poitrine
breast

jambe
leg

bras
arm

bébé
baby

homme
man

femme
woman

fille
girl

garçon
boy

tête
head

dos

back

ventre

belly

nombril

navel

orteil

toe

talon

heel

os

bone

hanche

hip

genou

knee

coude

elbow

nez

nose

fesses

buttocks

peau

skin

joue

cheek

oreille

ear

lèvre

lip

bouche

mouth

dent

tooth

langue

tongue

cerveau

brain

cœur

heart

muscle

muscle

poumons

lung

foie

liver

estomac

stomach

reins

kidneys

rapport sexuel

sex

préservatif

condom

ovule

ovum

sperme

semen

grossesse

pregnancy

menstruation

menstruation

vagin

vagina

pénis

penis

sourcil

eyebrow

cheveux

hair

cou

neck

hôpital
hospital

ambulance
ambulance

fauteuil roulant
wheelchair

fracture
fracture

médecin

doctor

service des urgences

emergency room

infirmière

nurse

urgence

emergency

inconscient

unconscious

douleur

pain

blessure

injury

hémorragie

bleeding

crise cardiaque

heart attack

attaque cérébrale

stroke

allergie

allergy

toux

cough

fièvre

fever

grippe

flu

diarrhée

diarrhea

mal de tête

headache

cancer

cancer

diabète

diabetes

chirurgien

surgeon

scalpel

scalpel

opération

operation

CT

CT

radiographie

x-ray

échographie

ultrasound

masque

face mask

maladie

disease

salle d'attente

waiting room

béquille

crutch

pansement

plaster

pansement

bandage

injection

injection

stéthoscope

stethoscope

brancard

stretcher

thermomètre

clinical thermometer

accouchement

birth

surcharge pondérale

overweight

appareil auditif

hearing aid

désinfectant

disinfectant

infection

infection

virus

virus

VIH / sida

HIV / AIDS

médicament

medicine

vaccination

vaccination

comprimés

tablets

pilule

pill

appel d'urgence

emergency call

tensiomètre

blood pressure monitor

malade / sain

ill / healthy

Au secours !

Help!

alarme

alarm

assaut

assault

attaque

attack

danger

danger

sortie de secours

emergency exit

Au feu!

Fire!

extincteur

fire extinguisher

accident

accident

trousse de premier secours

first-aid kit

SOS

SOS

police

police

Europe

Europe

Amérique du Nord

North America

Amérique du Sud

South America

Afrique

Africa

Asie

Asia

Australie

Australia

Océan atlantique

Atlantic

Océan pacifique

Pacific

Océan indien

Indian Ocean

Océan antarctique

Antarctic Ocean

Océan arctique

Arctic Ocean

pôle nord

North pole

pôle sud

South pole

Antarctique

Antarctica

terre

earth

pays

land

mer

sea

île

island

nation

nation

état

state

cadran

clock face

aiguille des heures

hour hand

aiguille des minutes

minute hand

aiguille des secondes

second hand

Quelle heure est-il ?

What time is it?

jour

day

temps

time

maintenant

now

montre digitale

digital watch

minute

minute

heure

hour

lundi / Monday
mardi / Tuesday
mercredi / Wednesday
jeudi / Thursday
vendredi / Friday
samedi / Saturday
dimanche / Sunday

hier

yesterday

aujourd'hui

today

demain

tomorrow

matin

morning

midi

noon

soir

evening

jours ouvrables

workdays

week-end

weekend

pluie
rain

arc-en-ciel
rainbow

vent
wind

neige
snow

printemps
spring

automne
fall

été
summer

hiver
winter

météo
weather forecast

thermomètre
thermometer

lumière du soleil
sunshine

nuage
cloud

brouillard
fog

humidité
humidity

foudre

lightning

tonnerre

thunder

tempête

storm

grêle

hail

mousson

monsoon

inondation

flood

glace

ice

janvier

January

février

February

mars

March

avril

April

mai

May

juin

June

juillet

July

août

August

septembre

September

octobre

October

novembre

November

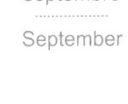

décembre

December

formes

shapes

cercle

circle

carré

square

rectangle

rectangle

triangle

triangle

sphère

sphere

cube

cube

blanc

white

jaune

yellow

orange

orange

rose

pink

rouge

red

violet

purple

bleu

blue

vert

green

marron

brown

gris

gray

noir

black

beaucoup / peu

a lot / a little

fâché / calme

angry / calm

joli / laid

beautiful / ugly

début / fin

beginning / end

grand / petit

big / small

clair / obscure

bright / dark

frère / soeur

brother / sister

propre / sale

clean / dirty

complet / incomplet

complete / incomplete

jour / nuit

day / night

mort / vivant

dead / alive

large / étroit

wide / narrow

comestible / incomestible

edible / inedible

méchant / gentil

evil / kind

excité / ennuyé

excited / bored

gros / mince

fat / thin

premier / dernier

first / last

ami / ennemi

friend / enemy

plein / vide

full / empty

dur / souple

hard / soft

lourd / léger

heavy / light

faim / soif

hunger / thirst

malade / sain

ill / healthy

illégal / légal

illegal / legal

intelligent / stupide

intelligent / stupid

gauche / droite

left / right

proche / loin

near / far

oppositions - opposites

nouveau / usé

new / used

rien / quelque chose

nothing / something

vieux / jeune

old / young

marche / arrêt

on / off

ouvert / fermé

open / closed

faible / fort

quiet / loud

riche / pauvre

rich / poor

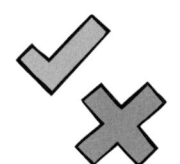

correct / incorrect

right / wrong

rugueux / lisse

rough / smooth

triste / heureux

sad / happy

court / long

short / long

lent / rapide

slow / fast

mouillé / sec

wet / dry

chaud / froid

warm / cool

guerre / paix

war / peace

nombres
numbers

0

zéro
zero

1

un / une
one

2

deux
two

3

trois
three

4

quatre
four

5

cinq
five

6

six
six

7

sept
seven

8

huit
eight

9

neuf
nine

10

dix
ten

11

onze
eleven

12

douze

twelve

13

treize

thirteen

14

quatorze

fourteen

15

quinze

fifteen

16

seize

sixteen

17

dix-sept

seventeen

18

dix-huit

eighteen

19

dix-neuf

nineteen

20

vingt

twenty

100

cent

hundred

1.000

mille

thousand

1.000.000

million

million

anglais

English

anglais américain

American English

chinois mandarin

Chinese Mandarin

hindi

Hindi

espagnol

Spanish

français

French

arabe

Arabic

russe

Russian

portugais

Portuguese

bengali

Bengali

allemand

German

japonais

Japanese

je

I

tu

you

il / elle / ce, c', cela

he / she / it

nous

we

vous

you

ils / elles

they

Qui ?

who?

Quoi ?

what?

Comment ?

how?

Où ?

where?

Quand ?

when?

nom

name

derrière

behind

dans

in

devant

in front of

au-dessus

over

sur

on

en-dessous

under

à côté de

beside

entre

between

lieu

place